THIS WORKBOOK
BELONGS TO

____

____

0
Zero

1
One

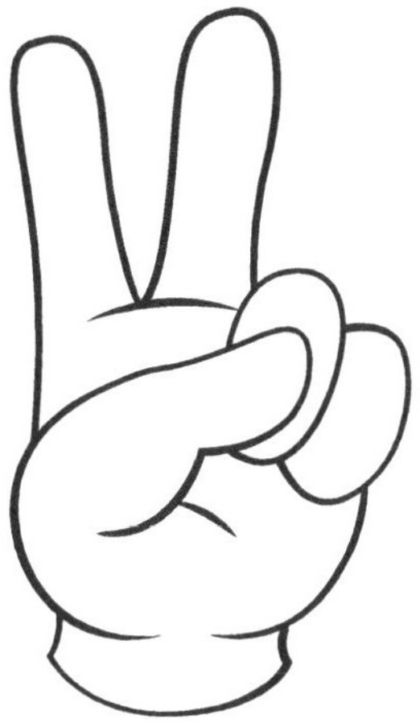

2
Two

3
Three

3
3
3
3
3

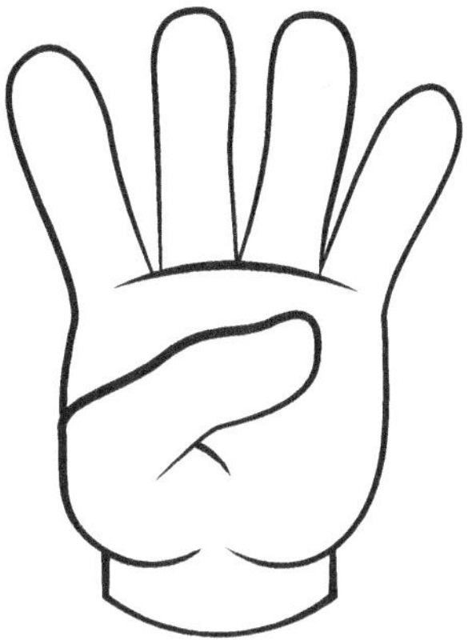

4

Four

5
Five

5 5 5 5 5 5 5 5 5 5 5 5

5 5 5 5 5 5 5 5 5 5 5 5

5 5 5 5 5 5 5 5 5 5 5

5 5 5 5 5 5 5 5 5 5 5

5 5 5 5 5 5 5 5 5 5 5

6
Six

7
Seven

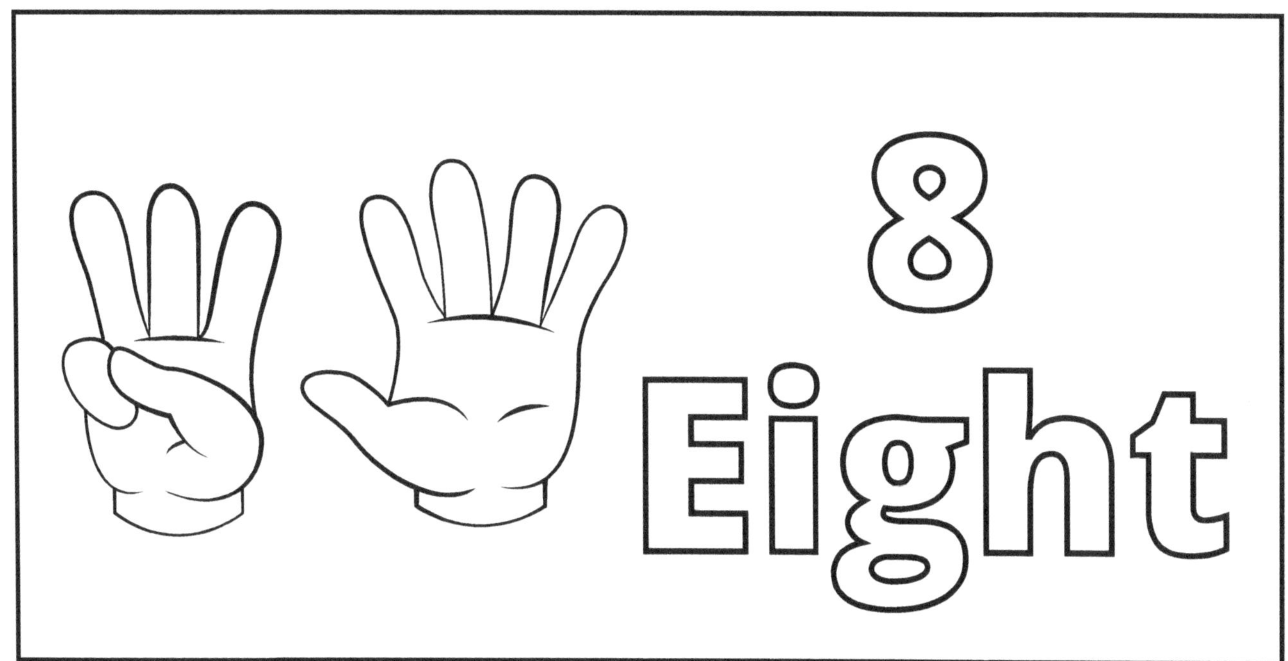

9 9 9 9 9 9 9 9

9 9 9 9 9 9 9 9

9 9 9 9 9 9 9 9

9 9 9 9 9 9 9 9

9 9 9 9 9 9 9 9

10
Ten

10 10 10 10 10 10 10 10 10

10 10 10 10 10 10 10 10 10

10 10 10 10 10 10 10 10 10

10 10 10 10 10 10 10 10 10

10 10 10 10 10 10 10 10 10

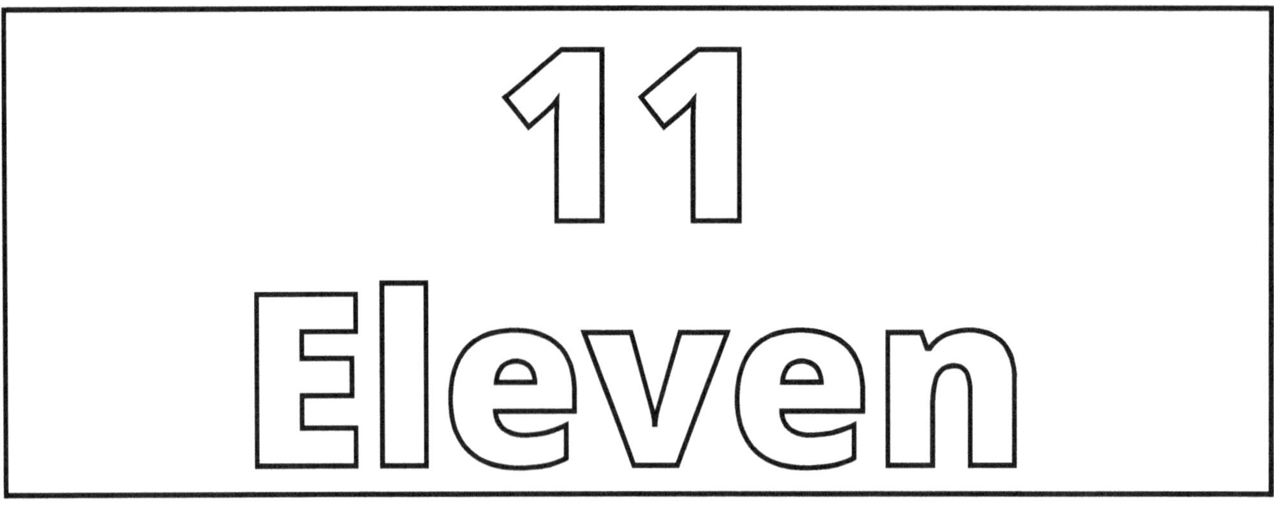

11
Eleven

12
Twelve

13
Thirteen

14
Fourteen

15
Fifteen

16
Sixteen

17
Seventeen

18
Eighteen

19
Nineteen

20
Twenty

21
Twenty-one

22
Twenty-two

23
Twenty-three

23

24
Twenty-four

25
Twenty-five

25

26
Twenty-six

26
26
26
26
26
26

27
Twenty-seven

28
Twenty-eight

29
Twenty-nine

30
Thirty

30

31
Thirty-one

32
Thirty-two

32

33
Thirty-three

33

34
Thirty-four

34

35
Thirty-five

35 35 35 35 35 35 35 35

36
Thirty-six

36

37
Thirty-seven

38

Thirty-eight

38

39
Thirty-nine

39

40
Forty

41
Forty-one

42
Forty-two

43
Forty-three

43

44
Forty-four

45
Forty-five

45 45 45 45 45 45 45 45 45

45 45 45 45 45 45 45 45 45

45 45 45 45 45 45 45 45 45

45 45 45 45 45 45 45 45 45

45 45 45 45 45 45 45 45 45

45 45 45 45 45 45 45 45 45

46
Forty-six

47
Forty-seven

48
Forty-eight

49
Forty-nine

50
Fifty

51
Fifty-one

52
Fifty-two

52 52 52 52 52 52 52

52 52 52 52 52 52 52

52 52 52 52 52 52 52

52 52 52 52 52 52 52

52 52 52 52 52 52 52

52 52 52 52 52 52 52

53
Fifty-three

53 53 53 53 53 53 53 53 53

53 53 53 53 53 53 53 53 53

53 53 53 53 53 53 53 53 53

53 53 53 53 53 53 53 53 53

53 53 53 53 53 53 53 53 53

53 53 53 53 53 53 53 53 53

54
Fifty-four

55
Fifty-five

56
Fifty-six

57
Fifty-seven

58

Fifty-eight

59
Fifty-seven

59

60
Sixty

61
sixty-one

62
sixty-two

62

63
sixty-three

63

64
sixty-four

65
sixty-five

65

66
sixty-six

67
sixty-seven

68
sixty-eight

69
sixty-nine

69 69 69 69 69 69 69 69 69

69 69 69 69 69 69 69 69 69

69 69 69 69 69 69 69 69 69

69 69 69 69 69 69 69 69 69

69 69 69 69 69 69 69 69 69

69 69 69 69 69 69 69 69 69

70
seventy

71
seventy-one

72
seventy-two

73
seventy-three

73

74
seventy-four

75
seventy-five

76

seventy-six

77
seventy-seven

78
seventy-eight

79
seventy-nine

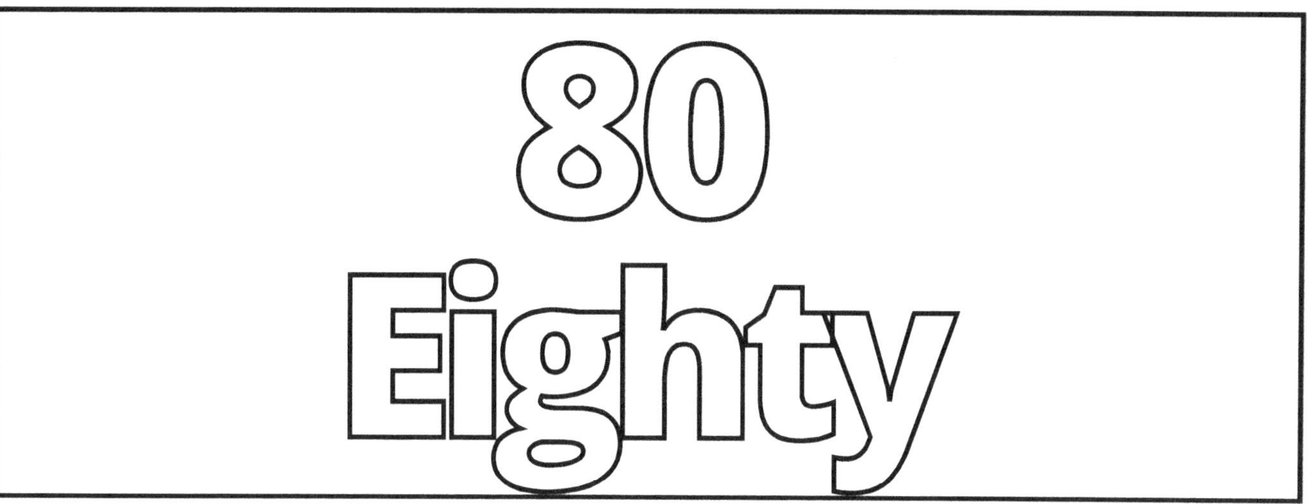

80
Eighty

81
Eighty-one

82
Eighty-two

82

83
Eighty-three

83

84
Eighty-four

85
Eighty-five

85

86
Eighty-six

86

87
Eighty-seven

88

Eighty-eight

89
Eighty-nine

89

90
ninety

91
ninety-one

92
ninety-two

93
ninety-three

94
ninety-four

95
ninety-five

95

96
ninety-six

97
ninety-seven

98
ninety-eight

98

99
ninety-nine

100
one hundred

100

Well done

Can now write numbers 1-100